AF494970

TRIDUUM

DU

BIENHEUREUX J.-B. DE LA SALLE

AU PENSIONNAT DES FRÈRES

DES ÉCOLES CHRÉTIENNES DE POITIERS

Les 15, 16 et 17 Juillet 1888

ET

PANÉGYRIQUE DU BIENHEUREUX

PRONONCÉ PAR

M. L'ABBÉ L. PÉRIVIER

VICAIRE CAPITULAIRE

POITIERS

TYPOGRAPHIE OUDIN

4, RUE DE L'ÉPERON, 4

1888

TRIDUUM ET PANÉGYRIQUE

DU

BIENHEUREUX J.-B. DE LA SALLE

POITIERS. — TYPOGRAPHIE OUDIN.

TRIDUUM

DU

BIENHEUREUX J.-B. DE LA SALLE

AU PENSIONNAT DES FRÈRES

DES ÉCOLES CHRÉTIENNES DE POITIERS

Les 15, 16 et 17 Juillet 1888

ET

PANÉGYRIQUE DU BIENHEUREUX

PRONONCÉ PAR

M. L'ABBÉ L. PÉRIVIER

VICAIRE CAPITULAIRE

POITIERS

TYPOGRAPHIE OUDIN

4, RUE DE L'ÉPERON, 4

—

1888

TRIDUUM

DU

BIENHEUREUX J.-B. DE LA SALLE

Après ce Triduum qu'un orateur n'a pas craint d'appeler triomphal, il faut avouer que si le monde sait honorer ses grands hommes, seule l'Eglise décerne la gloire aux héros qu'elle enfante pour la sainteté.

Les 15, 16 et 17 juin, Poitiers, où les Chers Frères sont honorés de tant de chaleureuses sympathies, entrait, à son tour, dans ce magnifique concert de louanges et d'honneurs que le monde catholique rend à la sainte mémoire du bienheureux serviteur de Dieu, Jean-Baptiste de la Salle. Et disons-le tout de suite, le brillant programme des fêtes que la *Semaine religieuse* annonçait à ses lecteurs s'est accompli avec tant d'éclat, qu'en restant dans les limites de la plus scrupuleuse exactitude, le récit en pourrait sembler exagéré.

Fêtes de l'esprit et fêtes du cœur, fêtes de l'éloquence et fêtes de l'harmonie, fêtes de l'Eglise et fêtes de famille, l'habile direction du Cher Frère Carolius n'a rien négligé de ce qui pouvait concourir à faire de ce Triduum une de ces solennités qui passent en laissant derrière elles un impérissable et pieux souvenir.

Des voûtes de la gracieuse chapelle, descendaient en festons de légères guirlandes tressées par des mains amies, jetant sur les murs les couleurs de la Papauté, du Bienheureux et de l'Institut.

Sur les colonnes élancées s'épanouissaient des faisceaux d'oriflammes encadrant dans leurs replis les armes et les principales dates de la vie de notre héros.

En approchant du sanctuaire, un autel provisoire se dresse : saluons les reliques du Bienheureux chanoine de Reims, exposées au milieu des gerbes de fleurs, au pied de la blanche statue qu'environnent des draperies de velours et d'or.

Mais toutes les richesses de cette belle décoration doivent appartenir au maître-autel. Des plantes rares entrelacent leur élégant feuillage, et, s'élançant de tous les points de l'abside, lui forment comme une charmante auréole de fleurs. Enfin, pour couronner cet harmonieux ensemble, un tableau d'un effet saisissant se détache, au-dessus de l'autel, l'image du Bienheureux à genoux. Jean-Baptiste de la Salle s'envole dans la gloire à travers des flots de lumière ; et de son nimbe lumineux il semble planer au-dessus de l'assemblée de ses fils.

L'artiste, prêtre du diocèse de la Rochelle, s'est du reste heureusement inspiré de la toile exposée à la basilique vaticane, au jour de la béatification.

Tel est le cadre où vont se dérouler des fêtes de trois jours.

Préludes dignes de ces solennités : dès jeudi soir, un Salut solennel et la bénédiction des deux statues de Notre-Dame des Victoires et du Bienheureux réunissaient dans la chapelle, devenue trop étroite, la brillante assistance sortant d'applaudir les jeunes acteurs du Pensionnat, qui, à l'occasion de la fête du Bien Cher Frère Directeur, avaient interprété la difficile tragédie des *Fils de Jehan V*, avec leur succès accoutumé.

PREMIER JOUR DU TRIDUUM.

Voici donc le Triduum ouvert. Vendredi matin, à la Messe de Communion, se succèdent sans interruption les Messes que des prêtres dévoués aux Frères se font un devoir de venir célébrer en l'honneur du Béatifié. Mais entendez-vous cette phalange de plus de mille écoliers dont les aînés comptent à peine quinze printemps ? Ils envahissent la chapelle, car, pour les élèves des écoles gratuites, le Triduum du Bienheureux Jean-Baptiste de la Salle commence : c'est à M. le curé de Saint-Hilaire qu'échoit l'honneur et la joie de l'inaugurer. Aussi, après l'Evangile, il apprend à son jeune auditoire ce que le Bienheureux a fait pour les enfants, et ce que les enfants doivent faire pour lui. C'est le pasteur qui parle, avec l'éloquence et l'autorité que donnent la conviction des services rendus à la paroisse par les bons Frères, et l'espérance que le passé répondra de l'avenir. Bientôt l'orgue unit ses notes harmonieuses aux mélodies sacrées, et le Sacrifice s'achève au chant mille fois répété de :

> Véritable ami de l'enfance,
> Bienheureux de la Salle, à vous nos chants, nos vœux !
> Guidez nos pas ; soyez notre défense,
> Protégez-nous du haut des cieux !

Et quand les derniers enfants quittent le temple sacré,

une autre jeunesse remplit son enceinte. Aux élèves du Pensionnat de chanter à leur tour les gloires du prêtre élevé par Léon XIII aux honneurs de l'autel ! Tandis que Monsieur l'abbé Marnay, Vicaire général, célèbre les saints Mystères, le chœur de chant, à la hauteur de sa tâche comme de sa réputation, attaque la Messe à quatre voix de Weber, et l'on ne sait ce qu'il faut le plus admirer, des mélodies puissantes et belles, ou des voix joyeuses et infatigables qui les exécutent. Du reste, Messieurs Puisais, à l'habile talent desquels il n'est que justice de payer un légitime tribut de félicitations, se sont dépensés outre mesure, afin que, soit pour les écoles primaires, soit pour le Pensionnat, la partie musicale des fêtes ne le cédât en rien aux splendeurs du Triduum. Ils ont réussi.

L'après-midi devait ramener une seconde fois aux pieds du Bienheureux le nombreux cortège des élèves de Saint-Hilaire, de la Prévôté et de Saint-Pierre, pour entendre la parole sobre et apostolique du Révérend Père Rabeau, de la Compagnie de Jésus. L'orateur montre combien Jean-Baptiste de la Salle et l'Eglise ont travaillé à grandir les fils du peuple. Puissent ceux-ci ne jamais déchoir ! Et Monsieur le curé de Sainte-Radegonde, dont la paroisse fournit près de deux cents disciples à l'école de Saint-Pierre, terminait cette première partie de ce que nous appellerons le Triduum populaire, par le Salut solennel du Saint-Sacrement. Il est quatre heures. De nouveau, la chapelle se peuple de pieux fidèles accourus pour entendre le panégyrique que doit prononcer M. l'abbé Bleau, aumônier du Lycée. Leur attente ne fut point déçue. Commentant, dans un style aussi élégant que correct, ces mots de l'Oraison Dominicale : *Adveniat regnum tuum*, l'éloquent orateur nous a fait voir en Jean-Baptiste de la Salle, le serviteur fidèle de Dieu et le serviteur prudent du peuple. Nous n'essaierons point d'analyser ce magnifique discours qu'il faudrait entièrement reproduire pour en donner une idée ; mais nous prierons Monsieur Bleau d'agréer nos félicitations pour son beau talent, et nos remerciements pour avoir, une fois de plus, montré que sur les lèvres sacerdotales la parole de Dieu n'est point enchaînée, et qu'elle reste fièrement indépendante quand il s'agit de proclamer les droits de la justice et de la vérité. Enfin un Salut solennel où figurent brillamment exécutés : *O Sacrum* de Ponchard, *Ave Maria* de Miné, *Tantum* (solo et chœur) de Ries, et le *Laudate* à 4 voix de Gounod, est donné par Monsieur le chanoine Morisson ; et la foule, ravie, s'écoule en se promettant de revenir le lendemain. Samedi, les mêmes solennités ramenèrent le même empressement des fidèles, les mêmes chants de fête et les mêmes cérémonies.

SECOND JOUR DU TRIDUUM.

A huit heures M. le curé de Saint-Porchaire célèbre la sainte Messe, et, dans une chaleureuse allocution, fait admirer aux enfants des écoles le but que se proposait le Bienheureux de la Salle en fondant son Institut. Il déplore que trop souvent le zèle du Fondateur et le dévouement des Frères restent stériles par l'inexplicable indifférence qui attriste à la fois et les maîtres et les pasteurs.

La Messe solennelle, chantée par M. l'abbé de Vareilles, Vicaire Capitulaire, nous permet de saluer un nouveau chef-d'œuvre de Gounod.

L'illustre compositeur, sincère et ardent admirateur des Chers Frères, a demandé à son génie et surtout à son cœur une inspiration féconde. C'est ainsi qu'il a écrit, pour le Triduum de Reims, la Messe qui portera désormais le nom de Messe de la Béatification.

Bientôt retentissent les accents de l'*Iste Confessor* et du *Magnificat* chantés à pleines voix par les enfants des écoles populaires, qui reviennent entendre la parole si sympathique de l'excellent abbé de la Faire. Ce bon prêtre, dédaignant les jouissances de la fortune et le repos mérité par une vie sacerdotale, n'aspire qu'à se dépenser encore, et c'est aux enfants de la Prévôté qu'il a résolu de consacrer les labeurs de son ministère. Après le Salut donné par M. le curé de Montierneuf, dont la paroisse peuple presque entièrement l'école de la Prévôté, les jeunes auditeurs font la place à leurs condisciples du Pensionnat et à la pieuse affluence des fidèles.

Comme la veille, un éloquent panégyrique est prononcé à l'office du soir par le R. P. Alvarès, des Frères Prêcheurs. L'éloge de la science doctrinale du Religieux Dominicain n'est plus à faire. Et bien que sa thèse, identique à celle M. l'abbé Bleau et à celle que développera l'orateur de demain (tant il est vrai que le caractère de cette belle vie est unique), salue dans l'abbé de la Salle, le serviteur de Dieu et le serviteur de la patrie ; c'est à travers les vastes champs de la sainte Ecriture, des Pères et de la théologie catholique qu'il emporte son auditoire, cueillant, çà et là, les fleurs les plus exquises de doctrine à la gloire du Bienheureux. Encore une fois, J.-B. de la Salle avait rencontré un panégyriste digne de lui.

Puis la Bénédiction sainte du Dieu des tabernacles, avec

ses chants mélodieux, les encensoirs balancés par de gracieux lévites, l'autel étincelant de mille feux, vient couronner le second jour des fêtes : nous dirions volontiers le second jour de triomphe, s'il ne fallait réserver ce mot à la journée de demain.

TROISIÈME JOUR DU TRIDUUM.

Dimanche. — Sans contredit le plus beau des triomphes appartient aux premières heures du jour, et la Messe de Communion nous en offre le doux et consolant spectacle. Quelles étaient belles, ces nombreuses files d'adolescents venant s'asseoir au festin eucharistique ! Quelles délicieuses émotions inondaient nos âmes à la vue de ces cinq cents enfants devenus les ciboires vivants du Dieu qui réjouit la jeunesse ! Ils étaient là, si heureux ! Ah ! pourquoi leur joie d'aujourd'hui ne serait-elle pas leur bonheur de demain, le bonheur de toujours ?

Mais voici l'heure de la Grand'Messe pour ces chers élèves de nos classes populaires. Ils sont tous là dans leurs costumes des grands jours. Si les plus jeunes ont cédé hier et avant-hier la place à leurs aînés, aujourd'hui les voilà au premier rang.

Quand M. l'abbé Bougouin monte à l'autel, tous chantent à plein cœur le *Credo* catholique.

Une seconde fois, ils reviendront, comme les jours précédents, remplir la chapelle du Pensionnat, chanter leurs hymnes au Protecteur de leur enfance, entendre ses louanges que leur redira la parole si autorisée et si lumineuse de M. l'abbé Bougouin, à qui son titre de Directeur du Comité des Ecoles libres réservait cet honneur.

Et lorsque leurs jeunes fronts se seront inclinés sous la bénédiction du Dieu qu'ils ont reçu ce matin, lorsque le vénérable archiprêtre de la cathédrale les aura bénis dans un Salut solennel, ils s'en iront le cœur débordant des inoubliables souvenirs de ce Triduum qui se termine pour eux.

Revenons de quelques heures en arrière.

Longtemps avant l'heure, la chapelle est insuffisante à contenir la pieuse affluence accourue à l'Office pontifical annoncé par le programme. A neuf heures et demie, la fanfare du Pensionnat, dirigée avec talent par M. Chartier, entonne une marche triomphale ; et bientôt, mitre en tête et crosse en main, le Très Révérend Père Abbé de Ligugé, escorté d'un brillant cortège d'enfants de chœur aux riches costumes, entre avec ses ministres sacrés au sanctuaire, où sont assis MM. les chanoines et les prêtres en habits de chœur. Et tandis que se déroule la fonction sainte avec l'ampleur de ses cérémonies, des flots d'harmonie descendent de la tribune, où les voix habilement exercées s'unissent aux sons mélodieux d'un quatuor, et interprètent avec art l'incomparable Messe du *Sacre* de Chérubini. Ajoutez un Offertoire ravissant pour orgue, piano et violon : c'était vraiment une Messe triomphale.

Restaient encore les Vêpres, le panégyrique et le dernier Salut qui devaient clôturer le Triduum. M. le Supérieur du Grand-Séminaire voulut bien présider les Vêpres, chantées en faux-bourdon ; et là, nous avons encore eu l'occasion d'admirer, en voyant l'ordre des cérémonies faites par les lévites du Pensionnat, le soin que les Chers Frères apportent à rehausser la pompe et la majesté du culte de Dieu.

Mais prêtres et fidèles attendent l'orateur qui doit, le dernier, porter la parole dans ces fêtes splendides. Pendant une heure M. l'abbé Périvier tient son auditoire sous le charme de son éloquence. D'une voix vibrante et avec des accents chaleureux, il prouve que le B. de la Salle fut à la fois un grand serviteur de Dieu et un grand bienfaiteur de la France : il fait admirablement ressortir le caractère particulièrement douloureux qui fait de la vie du Bienheureux de la Salle, si traversée par les vicissitudes des choses humaines, une vie à part, éclose à l'heure de Dieu, marchant à son but selon les opportunités divines, connue seulement alors que les menaces et les craintes extérieures rendent sa glorification nécessaire, pour bien montrer que l'œuvre qui en est issue porte à son front le sceau des œuvres du Seigneur.

Enfin le *Christus vincit* de Vervoitte, un *Ave Maria* merveilleusement dit par son auteur M. H. Puisais, le *Jubilate Deo*, retentissent comme le dernier et triomphal écho de ce Triduum. Et quand de son ostensoir d'or la divine Hostie a répandu le flot de ses bénédictions sur les fronts prosternés, le Triduum se terminait. Il avait passé comme passent, hélas ! les beaux jours d'ici-bas ; mais il laissera longtemps un vivant souvenir.

Nous ne terminerons pas ce compte-rendu, trop long peut-être, sans exprimer aux Chers Frères les sentiments qu'inspirent et leur dévouement sans bornes, et les splendeurs avec lesquelles leur piété filiale acclame leur Bienheureux Père.

Depuis deux siècles, les voilà, continuant, avec une activité que rien ne lasse, les œuvres de leur Fondateur. La haine aussi continue ses attaques, et c'est là, Chers Frères, le plus beau côté de votre histoire. A l'heure où l'éducation, soustraite à l'influence religieuse, devient de plus en plus païenne, nous vous souhaiterions le zèle, si le zèle n'était chez vous un héritage de famille.

Pouvons-nous même vous désirer la paix, quand Jean-Baptiste de la Salle vous a mérité les honneurs de la guerre et le bonheur de souffrir persécution pour la justice ? L'heure est au combat : combattez donc pour Dieu, son Eglise et la France, en revendiquant toujours votre part de l'instruction chrétienne de la jeunesse.

L'empressement du clergé et des fidèles à répondre à votre appel, vous prouve que vous ne marchez pas seuls dans vos nobles revendications. Là-haut votre Bienheureux Fondateur vous protège ; ici-bas les âmes qui ont encore l'honneur de garder le sens chrétien, vous accompagnent de leurs vœux ; et avec ces deux appuis, quoi que puisse dire et faire l'impiété jalouse, vous êtes sûrs de la victoire. Agréez ce vœu comme conclusion de votre incomparable Triduum.

PANÉGYRIQUE

DU

BIENHEUREUX J.-B. DE LA SALLE

Ecce beatificamus eos qui sustinuerunt.

Voici que nous béatifions ceux qui ont souffert.

(Épître de S. Jacques, v, 11.)

Mes Frères,

L'Evangile a introduit dans le monde des doctrines et des espérances que ni le plaisir, ni l'erreur, ni la force, ni les passions n'ont pu anéantir au cœur de l'humanité. Ces doctrines, dont l'étrange nouveauté étonna les nations, enseignent que les humbles et les pauvres, tant méprisés par la société païenne qui en faisait ses esclaves, sont les amis de Dieu ; que l'humiliation, le renoncement et la souffrance sont autant de chemins qui conduisent à la gloire, et qu'un jour, après avoir terrassé la mort dans le plus éclatant des triomphes, Dieu relèvera ses amis de leur poussière et les traitera comme des princes.

Les espérances ne sont pas moins surprenantes que les doctrines. La consolation descendit avec elles dans les régions désolées de la douleur, elles chantèrent au-dessus des cœurs éprouvés l'hymne des béatitudes et ouvrirent devant eux toute une éternité peuplée de joies et de félicités célestes. En un mot, possédées comme un trésor par des âmes qui ne possédaient rien sur la terre, ces espérances y réveillèrent des énergies surhumaines et enfantèrent des prodiges de vertus. Alors il est arrivé que l'affligé a béni Dieu de ses larmes, et que les opulents d'ici-bas, saintement jaloux de la pauvreté volontaire, ont vendu leurs biens pour devenir parfaits et acheter les espérance éternelles.

L'humanité, M. F., depuis l'ouverture des siècles chrétiens, assiste à la glorification de ces doctrines et de ces espérances ; car la béatification de la douleur et de la pauvreté a commencé le jour où elles se rencontrèrent avec la Divinité dans la personne du Christ. L'Eglise la poursuit depuis dix-huit siècles tantôt annonçant le bonheur à ceux qui pleurent et sont persécutés, tantôt plongeant son regard infaillible dans les profondeurs du ciel pour y découvrir la gloire des élus, tantôt étudiant le besoin des sociétés et discernant l'heure opportune de glorifier devant le monde l'un de ceux qu'il a combattus ou méprisés. Naguère encore, l'immortel Léon XIII inaugurait son année jubilaire par des béatifications solennelles qui heurtent de front les préjugés du siècle et qui mettent en fête l'univers catholique. Avec Grignon de Montfort et Jean-Baptiste de la Salle, il a élevé sur les autels des hommes d'immolation, qui ont laissé dans des Ordres florissants et des provinces converties une mémoire bénie et des exemples héroïques. *Ecce beatificamus eos qui sustinuerunt.* Le monde aussi a ses béatifications:

il applaudit à toutes les révoltes de l'esprit et de la chair, il proclame heureux les hommes de plaisirs et d'orgueil, et glorifie sans pudeur les renégats de l'honneur, de la raison et de la foi. Quant à nous, M. F., nous ne ratifions pas ces béatifications mensongères, nous n'applaudissons qu'à celles de l'Eglise, nous croyons que Dieu seul peut faire des heureux, qu'ici-bas le bonheur chrétien est un mystérieux composé d'amour et de sacrifices, et qu'au ciel la vision éternelle de Dieu sera la récompense des âmes crucifiées. C'est pourquoi nous ne béatifions que ceux qui ont souffert. *Ecce beatificamus eos qui sustinuerunt.*

Léon XIII n'a pas fait autre chose dans la béatification du Bienheureux de la Salle. Cette béatification, Mes Chers Frères, est l'honneur de votre Institut, parce qu'elle est la glorification de votre Père et la consécration de vos Règles. Vous voyez, à la foule qui remplit cette enceinte, qu'elle est aussi la fête du clergé, dont votre bienheureux Fondateur est resté le modèle accompli ; la fête des familles chrétiennes, qui vous confient le plus cher et le plus délicat des trésors dans le cœur de leurs enfants ; la fête des enfants eux-mêmes, qui prient et chantent ingénument leur nouveau Protecteur ; la fête de la France catholique, qui célèbre encore les Saints avec plus d'éclat que les héros dont elle est la mère ; enfin la fête de l'Eglise, qui se console des persécutions en dressant des autels à ses membres les plus sanctifiés.

N'attendez pas de moi, Mes Frères, que je vous raconte, peut-être pour la troisième fois, la vie admirable du Bienheureux. Je ne prendrai que certains côtés douloureux qui ont le plus révélé et le mieux caractérisé la perfection de son âme, et j'espère ainsi vous montrer qu'il fut à la fois un grand serviteur de Dieu et un grand bienfaiteur de la France.

I

Servir Dieu, Mes Frères, c'est toute la vocation et la dignité du chrétien. Dieu ne pouvait pas créer l'homme indépendant sans troubler l'harmonie de ses œuvres, dont chacune obéit à sa volonté souveraine ; surtout après l'avoir élevé aux sublimités de l'ordre surnaturel et l'avoir appelé à la participation de sa nature divine, il ne pouvait lui faire un plus grand honneur que de lui imposer la glorieuse nécessité de le servir. Dieu le devait à la fois à sa majesté suprême et au bonheur de sa créature. Assurément l'homme s'honore à des services terrestres, et dans l'ordre humain il n'y en a point de plus grand que celui d'un prince ou d'un pays malheureux. Toutefois, il convient de réserver une admiration plus haute pour le chrétien qui sacrifie tout à l'honneur de servir son Dieu.

D'où vient donc, s'il y a tant de gloire, que les vrais serviteurs de Dieu sont si rares ? Ah ! c'est que le service de Dieu entraîne des conséquences redoutables pour l'orgueil de notre nature. Il faut incliner sa raison devant l'incompréhensibilité des mystères et emprunter à la foi la règle de ses jugements ; il faut terrasser sous l'autorité des commandements une volonté souvent rebelle, et éteindre dans son cœur des affections réprouvées par l'amour de Dieu ; il faut tenir sous le frein des passions altérées de jouissances, veiller et sévir contre l'entraînement des sens et ouvrir tout son être aux courants de la vie surnaturelle. A ce prix l'on est un serviteur de Dieu. Mais, si vous voulez devenir un serviteur parfait, ce n'est pas assez de courir comme David dans la voie des commandements, il faut vous élancer dans celle des conseils, rivaliser de pureté avec les anges, accélérer chaque jour le vol de votre âme vers le ciel, jeter tout votre or dans le sein des pauvres et tout votre cœur dans le sein de Dieu, vous fixer à la croix avec le Christ, et de là sourire, à travers les larmes, à la main de Dieu qui vous éprouve ; enfin, embrassant dans vos vœux la création entière, dont vous êtes le résumé vivant, prosternez-la avec vous devant la Majesté divine et dites à Dieu comme Judith : *Tibi serviat omnis creatura :* « Que toute créature vous serve ! » Vous serez alors un grand serviteur de Dieu. Tel a été le Bienheureux de la Salle.

La France était à l'apogée de sa gloire, quand il naquit à Reims. Elle rayonnait sur les nations, comme le soleil sur l'univers. Dieu avait ouvert sur elle sa main toute-puissante. Il en était tombé un grand roi, des guerriers, des poètes, des orateurs immortels, toute une pléiade de génies qui constellent encore le ciel de notre histoire. Il en était tombé aussi des saints, qui sanctifiaient l'âme du pays, pendant qu'on le rassasiait de gloire. Jean-Baptiste de la Salle en était. Né pour la sainteté, dit Léon XIII dans son décret de béatification, il était manifestement réservé à l'autel, et, malgré des espérances fondées sur lui pour illustrer dans le monde une race qui descendait d'un des plus braves chevaliers de Charlemagne, ses parents eurent le cœur assez grand pour ne pas disputer à Dieu l'aîné de leurs enfants.

Dieu mit à les exaucer une délicatesse aussi touchante qu'imprévue. La famille de la Salle rêvait la célébrité. Dites-moi, Mes Frères, si elle n'en a pas été comblée au delà de ses désirs ; si le père de Jean-Baptiste regrette au ciel que Dieu ne soit pas entré dans ses vues paternelles ; si le monde eût été capable, même au milieu du grand siècle, de jeter une immortalité plus glorieuse sur un nom qui est désormais aussi impérissable que l'Eglise ; et si les survivants de cette noble famille ont à se repentir aujourd'hui du choix que Dieu fit jadis contre les vœux de leurs ancêtres. Non, non, Mes Frères, nous ne perdons jamais à faire des échanges avec Dieu. *Da et accipe*, nous dit-il par l'Esprit-Saint. Donne et reçois ! Donne-moi tes humiliations et tes sacrifices, et reçois ma gloire ! Donne-moi le temps et reçois l'éternité !

Dieu sembla dire au Bienheureux de la Salle : Donne-moi ta vie et reçois ma Croix ! L'échange fut aussitôt accepté. Le passage du foyer au sanctuaire paraissait libre pour lui, quand soudain, et presque à la fois, deux tombes s'ouvrirent au travers de son chemin comme pour ensevelir avec son père et sa mère ses espérances sacerdotales. Adieu la pieuse et savante retraite de Saint-Sulpice ! Ce double coup de la mort le ramène dans la famille à la tutelle de ses frères et lui dérobe dans l'avenir la vision du sacerdoce. Mais la mort n'était que l'agent de Dieu qui voulait l'éprouver. L'épreuve révéla sa vertu. En effet, l'âme humaine est un merveilleux instrument qui a besoin d'être frappé pour rendre des accords. La joie et la douleur en tirent tour à tour des frémissements divins. Ah ! quelles vibrations sublimes le jour où une âme pleine de foi et d'amour est saisie par l'épreuve comme l'artiste saisit la harpe, le jour où toutes ses fibres résonnent sous cet archet de la douleur qui rend si beau, dit un poète, le son des âmes brisées ! Quelles notes touchantes, si cette âme ravagée par la tribulation est encore jeune et fervente comme celle du Bienheureux de la Salle, si elle n'a senti passer sur elle que les premières espérances et les premiers enthousiasmes de la vie! Et si l'amour de Dieu augmente dans cette âme en proportion de ses épreuves, si Dieu lui donne la vocation de souffrir et lui dit : « Il n'est pas bon que je sois seul sur la croix. Va ! je veux que tu me ressembles, la douleur sera ta compagne », oh ! alors cette âme éclate en accents magnifiques, elle s'écrie : « Ou souffrir ou mourir ! — Que Dieu me martyrise, me broie et me tue, pourvu qu'il m'aime ! Et si mon cœur ne devait pas l'aimer, qu'il l'empêche de battre, qu'il le change en marbre ou en granit : je n'en ai plus besoin ! »

Le Bienheureux de la Salle, M. F., eut maintes fois l'occasion de chanter à Dieu cet hymne de la douleur chrétienne ; et, comme toutes les grandes âmes, la sienne a subi sous la main divine une préparation douloureuse. Il a réalisé dans une large mesure la parole du roi David, à savoir que les tribulations des justes sont innombrables : *Multæ tribulationes justorum ;* et la sainteté jaillit pour lui des contradictions et des opprobres. Dans ses rapports avec le monde, tout lui était douleur. Etait-il simple, on le traitait de vulgaire. Dans une société où l'étiquette était souveraine, on le raillait de son commerce avec le peuple, et l'on ne comprenait pas qu'un homme de sa qualité vécût avec de si petites gens que les premiers Frères des Ecoles chrétiennes. Le Chapitre de Reims le blâme, sa famille même n'hésite pas à rompre avec lui ; et lui, qui n'écouta jamais la voix de la chair et du sang, hésite encore moins à se séparer de tout pour l'amour de Jésus-Christ. Il sacrifie honneurs et richesses, revêt le costume des Frères, et s'en va par la ville de Reims, où il est accueilli par des huées et des pierres, mendier le pain de son Institut naissant. Je ne m'étonne point de sa virilité en face de l'épreuve. En le voyant, dès l'âge le plus souriant et le plus enchanté de la vie, renoncer aux jouissances mondaines, entrer d'un pas ferme et résolu dans la carrière des contradictions, je crois entendre résonner à ses oreilles ces paroles de nos saints Livres, qui contiennent le programme de la vie parfaite : « Mon fils, si tu veux être serviteur de Dieu, humilie-toi et souffre : *Fili, accedens ad servitutem Dei, deprime cor tuum et sustine.* Souffre pour obtenir un accroissement de vie : *sustine, ut crescat vita tua.* Accepte tout ce qui t'adviendra : *Omne quod tibi applicitum fuerit accipe.* Tous les hommes sont faits pour la fournaise de l'humiliation : *homines receptibiles in camino humiliationis.* Mais confie-toi en Dieu, il te délivrera : *Crede Deo, recuperabit te.* » Je ne pouvais mieux résumer la vie et les sentiments du Bienheureux. Du jour où il fut prêtre, il considéra, dit Léon XIII, qu'il ne s'appartenait plus ; il résolut de se livrer tout entier, pour travailler et souffrir, à la gloire de Dieu et au salut du prochain. Dans ce but, il embrasse tout un avenir chargé de persécutions, il se jette d'avance à la fournaise dans laquelle, dit saint Augustin, le divin orfèvre épure et choisit son or, et il accepte d'être un de ces martyrs de la Providence qui ne répandent point leur sang dans les arènes, mais qui deviennent le jouet des événements et des hommes. Que lui importe ? Il voulait être serviteur de Dieu. S'il le faut, après les premiers transports de la ferveur, il portera jusqu'à la mort les dégoûts de l'immolation, il s'abandonnera aveuglément à un Dieu qui est insatiable d'expiation ; il épuisera la coupe des ingratitudes et des calomnies humaines, et quand son cœur demandera quelque relâche, une voix intime lui criera : *Sustine, sustine !* « Souffre, souffre encore », et il continuera de souffrir pour être parmi les plus grands serviteurs de Dieu, tant il y a de vertu dans la souffrance chrétienne pour grandir et sauver les âmes ! A la croix et à l'autel, n'est-ce pas avec du sang et des sacrifices que nous avons été rachetés et nourris ?

Nous ne saurions trop, Mes Frères, admirer la conduite de la divine Providence envers les saints. Elle en use avec eux comme avec les exécuteurs les plus dociles de sa volonté. Les saints, de leur côté, n'entrent point dans le monde avec la prétention d'accomplir des œuvres de haut renom et de dominer la marche des événements. Ils étudient les signes de la volonté divine dans les circonstances qui encadrent leur vie, et ils attendent que Dieu leur ouvre la carrière. Or, Dieu ne leur révèle souvent leur vocation qu'en les engageant à leur insu dans des voies qu'ils n'auraient point choisies ; puis, quand ils se sentent poussés par la main invisible de Dieu qui se cache sous le voile sensible des faits, ils entrent en scène, y jouent un grand rôle, sans l'avoir ni soupçonné, ni recherché ; on dirait, à les voir, qu'ils réalisent leurs plans. Ils ne sont que les serviteurs de Dieu et n'interviennent qu'à son gré au milieu des évènements de leur siècle. Tel a été le rôle du Bienheureux de la Salle. La volonté de

Dieu, plus que la sienne, a fondé les Frères des Ecoles chrétiennes.

Le Bienheureux n'ignorait pas, Mes Frères, le portrait que l'Evangile a tracé du serviteur parfait. Le Maître lui dit : Va, et il court. Fais, et il agit. — Dieu lui dit par les événements : « Va à Paris, à Rouen, à Marseille, à Grenoble, à Dijon, et fonde des écoles chrétiennes. » Il y vole, malgré les distances qui séparent ces villes, et, sans compter ni les disgrâces ni les vexations, il donne des maîtres aux enfants du peuple. L'enfer fait rage contre chacune de ces fondations. La calomnie, la désertion, la famine, la mort, tout conspire contre lui, et le Bienheureux ne survit à ces désastres que pour en subir de nouveaux. Trêve pour un instant, ô Bienheureux fondateur, à ces calamités et à ces persécutions injustes ! Allez dans le désert des Carmes ou à la retraite de Saint-Yon vous abriter contre les tempêtes et retremper vos forces dans un commerce intime avec Dieu. Allez sur les pics escarpés de la Grande-Chartreuse, où seuls habitent les aigles et les moines, dilater votre âme au-dessus des tumultes du monde, méditer dans le voisinage du ciel le prix inestimable des contradictions humaines et respirer en pleine solitude ce parfum de Dieu qui se mêle dans les cloîtres de saint Bruno au parfum sauvage de la montagne. Allez plus loin encore, allez à Rome, où chaque atome de poussière chante sous les pas du voyageur le règne du Christ, le triomphe de l'Eglise et la patience des martyrs. C'est Rome qui consacre et féconde tous les dévouements. Quand vous aurez vu de près la Papauté majestueuse et sereine sur son roc battu par tous les orages de la politique et des passions, quand le Vicaire du Christ vous aura dit au nom de Dieu : « Enseignez toutes les nations, » votre mission sera bénie et le monde vous sera ouvert. Mais non, Mes Frères : Rome, c'était la joie et la consolation. Le navire était à l'ancre dans le port de Marseille. Il y était monté. Son âme faisait déjà voile pour la Ville éternelle, quand il fut obligé d'en descendre : il resta pour apprendre que l'archevêque de Paris l'avait déposé de sa charge de Supérieur, et faire cette réponse d'un saint : « On a bien raison, j'étais incapable de l'être. » En un mot, Dieu le retient, dit Léon XIII, pour être bafoué, poursuivi, voué à la honte, traîné devant les tribunaux, condamné à l'amende, devenir le jouet des uns et la victime des autres, donner au monde le spectacle d'un courage aussi calme qu'invincible, et continuer d'offrir sur la terre de France cette louange des cœurs immolés qui monte si directement au trône de l'Agneau.

Bossuet a dit quelque part que Jésus-Christ était un grand distributeur de croix. Il a eu raison. En effet, quand on demande de la gloire au Sauveur, il répond qu'il ne lui appartient pas de la donner : *Non est meum dare vobis.* Si, au contraire, vous sollicitez une part de ses amertumes, il ne manque pas de vous dire : *Calicem meum bibetis:* Vous boirez à mon calice. Ah ! je ne sais, M. F., si le B. de la Salle a demandé avec les deux frères de l'Évangile une place dans le royaume du Christ ; mais, comme saint Chrysostome m'avertit qu'il y en a deux, celui de la souffrance et celui de la gloire, ne vous semble-t-il pas avec moi que non seulement le Christ l'a admis dans le premier sur la terre, mais qu'il l'a placé à sa droite : *quod plus est, ad partem dexteræ collocavit?* Divin distributeur des croix pour toutes les âmes qui veulent marcher après lui, il en a été prodigue pour notre Bienheureux ; et depuis le jour de son sacerdoce, où il lui a dit : « Nous boirons au même calice », événements, étrangers, amis, parents ont présenté au Bienheureux de la Salle le calice de la terre, où l'on boit dans l'amertume les espérances de la vie éternelle ; et lui, en vrai et magnanime serviteur de Dieu, n'a jamais repoussé ce breuvage amer de la tribulation, qui a gardé un arome céleste depuis que le Fils de Dieu s'y est désaltéré : il ne faut pas s'en étonner. Il s'était identifié avec la volonté divine, ce qui est, d'après saint Thomas, le cachet de la perfection chrétienne. En s'abandonnant ainsi sans réserve à la discrétion de cette volonté adorable, sa nature est descendue dans un abîme d'angoisses ; mais son âme, passant à travers les orages déchaînés contre lui, s'est élevée aux sommets de la vertu, et rien n'a été étranger à sa volonté, parce que sa volonté n'était point étrangère à celle de Dieu. Aussi ai-je le droit, M. F., de lui appliquer les paroles de saint Augustin : *perfecta charitas, nulla cupiditas*, sa charité est parfaite parce qu'il n'a plus aucun désir personnel. Vous ne le surprendrez point à devancer les dispositions divines, à concevoir des projets dont Dieu n'aurait pas eu l'initiative, à chercher le moyen de diriger les événements selon ses vues, et, jusque dans le feu de ses adversités, à souhaiter que ses ennemis désarment : *Perfecta charitas, nulla cupiditas.* C'est un serviteur parfait dans sa charité, parce qu'il n'y a plus rien de terrestre dans ses désirs.

Voilà, M. F., ce qu'on devient, quand on est passé saintement au creuset des épreuves. Ah ! la souffrance chrétienne ! volontiers je la compare à un sculpteur qui s'arrête un jour et se recueille devant un bloc de marbre, où il rêve de graver les traits et la beauté de la vie. Il fait voler le marbre en éclats, le fouille de son ciseau, le tourmente sans pitié, jusqu'à ce qu'il en sorte une statue vivante qui réponde à son idéal et porte l'expression de son génie. La souffrance n'est pas un artiste moins consommé. Elle circule parfois dans nos membres comme le sang dans nos veines ; elle pénètre jusqu'aux retraites les plus intimes du cœur, et, comme elle ne travaille point sur une matière insensible, dans les profondeurs qu'elle visite on entend à la fois des gémissements et des bénédictions. Oh! alors la transfiguration commence, le premier rayon de sainteté apparaît, et, à mesure que les retranchements nécessaires s'achèvent, le divin resplendit au front de la créature. Ces opérations mystérieuses ont fait couler du sang et des larmes. Mais qu'importe? Dans ce bloc de poussière, qui s'appelle un pécheur, la douleur chrétienne a sculpté un saint qui est l'image parfaite du Fils de Dieu : *Patientia habet opus perfectum.* C'est elle, M. F., qui a sculpté Jésus-Christ dans le Bienheureux de la Salle.

Il ne suffisait même pas au Bienheureux d'attendre la souffrance. Il la cherchait volontairement pour Dieu ; car il croyait avec l'Esprit-Saint que la plus suave odeur pour le Dieu de la Rédemption est l'odeur des victimes, et il voulut en être. *Odor suavissimus victimæ Domini.* Pour ressembler à son Crucifix qu'il baisait et méditait si souvent chaque jour, il s'écriait avec saint Augustin : « O mon Dieu, puisque je vous vois blessé, je ne veux pas rester sans blessure » : *Video te vulneratum, nolo esse sine vulnere.* Pendant une longue vie, les chaînes et les disciplines de fer ont ensanglanté sa chair et les murs de sa cellule ; les meurtrissures de son cœur assailli par tant de croix, les macérations imprimées sur son corps comme autant de stigmates douloureux, le sang qui jaillissait de ses membres flagellés, tout semblait dire : *Video te vulneratum, nolo esse sine vulnere.* Enfin, une dernière épreuve l'atteignit sur son lit de mort. Il fut interdit par l'archevêque de Rouen, et, pour achever sa ressemblance avec son Dieu, il mourut le vendredi saint de l'année 1719, en disant : « J'adore en toutes choses la conduite de Dieu à mon égard. » Pendant ce temps-là, les enfants criaient dans les rues de Rouen : « Le Saint est mort ! Le Saint est mort ! »

A la fin d'une telle vie, Mes Frères, je ne puis retenir un cri d'admiration : Quel bon, fidèle et vaillant serviteur Dieu avait dans le B. de la Salle ! Il a tout bravé avec une dignité et une intrépidité qui ne se sont jamais démenties. Et nous, à qui Dieu ne demande ni les mêmes sacrifices ni les mêmes vertus, nous sommes pareils à ces feuilles, à qui pèse une goutte de rosée. La moindre peine nous courbe à terre, le mirage des biens terrestres nous séduit, nous suivons les larges courants du bien-être et de la mollesse. On dirait que Dieu n'a plus besoin, à notre époque, de serviteurs éprouvés ! Et pourtant, le vent des persécutions est déchaîné contre le Christ, ses partisans et ses œuvres. Plus que jamais il faut de vrais chrétiens qui, dans les luttes secrètes de la conscience et le conflit public des partis, ne pactisent jamais avec le mal, se refusent à diviser le Christ, c'est-à-dire à accepter les douceurs de son pardon et à rejeter les austérités de sa croix, et, soit dans la prospérité, soit dans l'infortune, ne désertent jamais la grande cause du bien. Nous en serons, Mes Frères, si nous savons nous glorifier d'être les serviteurs de Dieu.

II

Le B. de la Salle n'a pas été seulement un grand serviteur de Dieu; il fut aussi un grand bienfaiteur de la France.

C'est le caractère de tous les Saints de servir éminemment Dieu et leur pays. Il est vrai que telle n'est pas l'opinion de l'impiété moderne. Elle préconise à outrance comme un bienfait public la sécularisation des âmes et des institutions; elle offre dans la rupture avec Dieu l'idéal de la grandeur et de la prospérité nationales ; comme s'il y avait incompatibilité entre les devoirs du patriote et du chrétien, elle adjuge aux incroyants l'honneur du vrai patriotisme, proclame volontiers l'inutilité ou l'incapacité sociale des plus parfaits serviteurs de Dieu, et cherche les bienfaiteurs du pays parmi les destructeurs de l'idée surnaturelle. L'histoire tout entière se lève pour protester contre de telles injustices et affirmer bien haut que la sainteté est la meilleure garantie du patriotisme. En effet, Dieu, qui est l'auteur de la nature et de la grâce, n'a ni opposé ni même séparé les intérêts de ces deux principes. Il a établi entre eux des rapports nécessaires et harmonieux. Ces rapports n'enlèvent rien à la dignité de la grâce, qui est le couronnement divin de la nature; et la nature, au lieu d'être opprimée par la gloire de son nouvel état, obtient son épanouissement complet par les influences supérieures de la grâce. Par conséquent, loin de subir un préjudice, l'ordre humain trouve un gain magnifique dans la perfection surnaturelle de nos Saints.

D'ailleurs Dieu n'exige-t-il pas un hommage national des peuples? Patries des nations, disait le roi David, apportez au Seigneur l'honneur et la gloire. *Patriæ gentium, afferte Domino gloriam et honorem.* Il disait plus : Apportez des hosties : *Tollite hostias;* car rien n'a été excepté, dit saint Paul, de la domination universelle du Christ : *In eo quod subjecit omnia, nihil dimisit non subjectum;* et les nations notamment ont été la dot terrestre que Dieu a donnée à son Fils incarné. Eh bien! M. F., quand les patries des nations refusent toute gloire et toute hostie au Seigneur, quand l'urne de la colère divine est penchée sur un Etat, où elle verse, après l'horreur de la guerre et des convulsions sociales, l'aveuglement des esprits, l'abaissement des caractères et tous les fléaux qui tarissent la source de la fortune publique, n'est-ce pas une œuvre patriotique de fléchir la vengeance qui châtie? Apparaissez alors, hommes de foi et de dévouement, qui payez à Dieu ce tribut de la louange et de l'immolation au milieu d'un pays que l'incrédulité ronge et que la corruption décompose; apparaissez avec vos vertus, Saints et Bienheureux qui jetez dans la balance où nous serons pesés le poids de vos sacrifices, vous surtout qui perpétuez votre esprit dans une postérité d'âmes sanctifiées par la prière et l'apostolat; apparaissez, Vincent de Paul, avec vos incomparables Sœurs de Charité ; Grignon de Montfort, avec vos Filles de la Sagesse ; vous, Jean-Baptiste de la Salle, avec vos Frères des Ecoles chrétiennes; et nous dirons en vous montrant : Voilà les vrais bienfaiteurs de la France! Vous conviendrez, Mes Frères, que le Bienheureux de la Salle a éminemment mérité ce titre par la nature, l'opportunité et la durée de ses bienfaits.

Le grand bienfait du Bienheureux de la Salle a été de donner à la France les Frères des Ecoles chrétiennes. En effet, l'éclat de la civilisation ne suffit pas à la prospérité d'un Etat : ce qui lui manque le plus, ce sont des hommes dédaigneux de la gloire humaine, capables de jeter dans les masses populaires des paroles de vérité et des exemples de vertus ; et puisque les enfants sont la proie que tous les partis convoitent pour saisir en eux tout l'avenir d'une nation, il lui faut des hommes qui entreprennent d'ouvrir ces jeunes âmes aux premiers rayons de la science et de la foi, qui les dérobent aux premières impressions du vice et gravent en elles par l'éducation religieuse la divine effigie du Christ ; en un mot, il faut des hommes dont la piété active le dévouement, qui considèrent l'enseignement comme une mission sacrée, et s'engagent volontairement devant Dieu à dépenser leur vie pour l'instruction des pauvres. Les Frères ont été ces hommes-là. Voyez-vous le Bienheureux de la Salle faire appel à toutes les âmes désireuses de sacrifices, les enrôler sous une règle aussi pleine de sagesse humaine que d'élévation religieuse, les associer dans le partage d'une vie plus féconde en privations qu'en jouissances, leur inspirer cet amour de Dieu et cet amour du peuple qui vont de pair chez les vrais chrétiens, les maintenir entre le sacerdoce qui a ses gloires et la famille qui a ses joies, sans leur accorder ni les unes ni les autres, et, après 30 années de persécution, léguer à son pays un Institut dont l'esprit et la vertu sont la richesse morale d'une nation. Quelle œuvre et quel bienfait ! Le voyez-vous créer des écoles chrétiennes dans les cités populeuses et dans les quartiers indigents, attirer les fils du peuple dans ces classes dont il est lui-même l'instituteur le plus dévoué, envoyer ses Frères recruter dans les rues et dans les familles les enfants trop souvent abandonnés à l'ignorance et au vice, enjoindre à ses premiers disciples de tout souffrir plutôt que de déserter le poste du devoir, après les arrêts des Parlements et les violences de la foule qui fermaient les écoles et proscrivaient les maîtres, transporter de ville en ville les efforts de son zèle, enfin brûler, dit Léon XIII, du désir d'étendre à la France entière les avantages de l'enseignement chrétien : encore une fois, quelle œuvre et quel bienfait ! Rien ne le déconcerte, ni pauvreté, ni opprobre, ni calomnies, tant il prévoyait dans l'avenir une décadence irrémédiable, si des hommes de cœur et de foi ne se consacraient pas à l'instruction des classes populaires.

Il y a dans le peuple, Mes Frères, des trésors d'intelligence et de cœur. A défaut de l'argent, Dieu lui donne souvent les richesses de l'esprit, et notre histoire est pleine d'illustrations sorties de ses rangs. Car la renommée n'est plus un privilège de caste et de naissance. Dans cette émulation publique des hommes qui se disputent l'honneur de glorifier leur pays, les fils du peuple ne sont pas toujours les derniers à briller. Combien de sommités intellectuelles et de célébrités nationales ont dû la révélation de leur talent à cet humble Frère qui a favorisé l'épanouissement de leur raison, et qui assiste, sans jamais changer ni sa condition ni son obscurité, au mouvement ascensionnel de ses élèves vers le faîte des sociétés ! Et, de ce chef, si la France étudiait le recensement et l'origine de ses gloires, quelle reconnaissance ne devrait-elle pas exprimer au Bienheureux de la Salle ! Il y a un autre trésor dans l'âme du peuple : c'est la foi, la foi qui est si belle, quand elle prosterne toute une nation devant le Dieu de la Croix, la foi qui est si puissante quand elle apaise dans le monde du travail les passions irritées par la misère, et quand elle soulève les foules pour les grands intérêts de Dieu. Or, Mes Frères, à qui la France doit-elle la conservation de la foi dans l'âme du peuple? Sans doute à l'infatigable dévouement de son clergé et de ses congrégations. Mais regardez aussi derrière l'incrédule qui prêche l'irréligion, derrière le journaliste et l'écrivain qui jettent à pleines mains leurs productions immondes, regardez derrière l'envoyé des sectes qui attise au cœur de l'ouvrier la haine de Dieu et de la société, il y a un homme qui vit à côté du peuple et qui apprend aux enfants l'alphabet et le signe de la croix, un homme qui n'attend pour salaire que l'indifférence du monde et les bénédictions de Dieu, un homme enfin qui, après avoir vécu dans le travail et l'oubli, mourra dans la paix et le baiser du Seigneur! c'est le Frère des Ecoles chrétiennes. Il a sa grande part dans la conservation religieuse du pays, et cet homme, c'est le Bienheureux de la Salle qui l'a donné à la France.

Je ne puis résister, M. F., au bonheur de vous dire où le Bienheureux allait ranimer sa foi et son patriotisme. C'est au tombeau de saint Remi, qui avait baptisé la France. Chaque semaine, il y passait la nuit du vendredi. C'était une nuit de prières et de mortifications. Quand il était là seul dans la crypte souterraine, seul avec les grands souvenirs de l'histoire, au-dessous de la majestueuse basilique où toutes les grandeurs de la monarchie française étaient venues assister au sacre des rois ; quand, revenant de douze siècles en arrière, il évoquait les figures imposantes du passé, Clovis, Clotilde et Remi ; quand il se représentait le fier Sicambre, et avec lui la première nation du monde, courbant la tête sous la main du Pontife, ah ! quelle vision grandiose que celle de la France sortant chrétienne du baptistère de Reims, parcourant l'univers en chevalier de Dieu et en missionnaire de l'Evangile, multipliant sous ses pas les actes d'héroïsme et de charité, et, dans le cours des siècles, accomplissant les gestes de Dieu par ses Francs ! Cette vision encourageait le Bienheureux de la Salle à se dévouer pour elle et à s'associer avec saint Remi pour créer cette légion choisie qui devait travailler à rendre la France digne de son baptême. Voilà ce que j'appelle un grand bienfait, et ce qui me fait appeler le Bienheureux de la Salle un insigne bienfaiteur de la France.

Que dirai-je de l'opportunité ? Elle est le caractère des bienfaits divins. Dieu seul en effet peut discerner l'heure où il convient de secourir un peuple. C'est pourquoi le roi David lui disait avec confiance : Vous êtes notre secours à l'heure de l'opportunité : *Adjutor in opportunitatibus*. Clotilde priant et souriant avec Radegonde sur le berceau de la nation française, Hilaire démasquant l'hérésie avec une intrépidité qui intimidait Constance lui-même, Charlemagne achevant l'œuvre de son père, et fondant avec son épée victorieuse le pouvoir temporel de la papauté, Jeanne d'Arc reconquérant sur l'Anglais le beau royaume de France, Vincent de Paul instituant les Filles de la Charité à une époque où la guerre et la famine allaient peupler la France d'orphelins, enfin le Bienheureux de la Salle créant sa légion d'instituteurs populaires au moment où les préoccupations politiques et l'enivrement de la gloire empêchaient de songer à la formation intellectuelle du peuple, ne sont-ils pas la preuve que Dieu nous a toujours secourus à temps ? *Adjutor in opportunitatibus.*

La foi dépérissait dans l'éblouissement universel qui attirait les grands à Versailles et abandonnait les petits à l'ignorance. La commende, en ruinant les abbayes, tarissait peu à peu le recrutement monastique et fermait les écoles religieuses qui vivaient à leur ombre. Presque tout l'enseignement primaire était aux mains de ceux qu'on appelait fastueusement les *Maîtres Ecrivains*, hommes étroits, dont la jalousie ne put supporter la concurrence des Frères, hommes intéressés qui avaient changé en un métier lucratif la noble mission d'enseigner, hommes, tellement discrédités que leur déconsidération rejaillit sur le Bienheureux de la Salle, quand il voulut devenir maître d'école. Plus j'avance, M. F., dans l'examen du temps, plus je découvre l'opportunité de l'Institut. Le jansénisme, sous le masque du respect envers Dieu, dessèche les âmes et menace d'endurcir les cœurs chrétiens ; la philosophie incrédule, qui naîtra au xviiie siècle, va persiller nos dogmes et corrompre les mœurs ; l'auréole du sacerdoce a pâli ; la royauté se déshonore dans les plaisirs ; la haute société s'apprête à faire voile vers la philosophie nouvelle ; tout commence à s'affaisser dans l'Etat ; les esprits les plus anxieux des périls de l'avenir réclament des écoles qui soient, selon une expression du temps, le noviciat du Christianisme ; en un mot, chacun comprenait si bien l'impérieuse nécessité d'avoir des instituteurs chrétiens qu'un saint personnage écrivait : « Si quelqu'un avait la science des saints, il deviendrait maître d'école et par là se ferait canoniser ». Or, Mes Frères, qui célébrons-nous donc aujourd'hui ? Précisément un homme qui s'est rencontré à sa place et à son heure dans le XVIIe siècle parce qu'il eut la science des saints, et qui est en train d'obtenir les honneurs de la canonisation parce qu'il est devenu maître d'école. C'est lui qui, en un temps où Jansénistes et Gallicans, écrivains et hommes d'Etat, faisaient plus ou moins guerre commune contre l'autorité pontificale, répondait fièrement avec saint Jérôme : « Je suis du parti de Rome ! » Quel beau parti, Mes Frères, que celui de Rome ! C'est le parti de la vérité, de la justice et du droit. C'est le parti des grands génies et des grands saints. La France aussi en était ; et des siècles les plus reculés de son histoire, ce cri nous arrive comme un cri de foi et de patriotisme chrétien. Naguère encore, au milieu de notre siècle, quand les nations européennes hésitaient, la main à la garde de sa vaillante épée, n'a-t-elle pas dit une dernière fois : « Je suis du parti de Rome » ? Et elle l'a prouvé en ramenant Pie IX en triomphe dans ses États. Soyons-en tous, M. F., de ce parti chrétien, parce qu'il est le parti de Dieu ; et admirons avec quelle opportunité l'Institut des Frères a pris naissance dans les siècles précédents. Il a eu le temps de faire ses preuves, d'acquérir le nombre et le talent pour répondre aux exigences de notre époque. Il a démontré par ses succès la perfection de ses méthodes ; dans un temps qui a organisé la concurrence officielle de l'école neutre, il soutient plus dignement l'honneur de l'enseignement religieux ; comme une troupe aguerrie qui a déjà vu le feu sans lâcher pied devant l'ennemi, il tient tête à tous les orages ; enfin le peuple et les Frères ont appris à se connaître et à s'estimer dans un mutuel échange de confiance et de dévouement qui survit depuis deux cents ans aux perturbations les plus violentes de notre société ; car la durée de l'Institut rend encore plus précieux les bienfaits du B. de la Salle.

Rien ne dure ici-bas, M. F., sans avoir été fait ou béni par Dieu. Le temps donne des coups d'ailes redoutables aux institutions humaines, et elles en meurent. Dieu seul ne meurt pas, disait Garcia Moreno ; mais ses œuvres aussi ont le privilège de durer. Assurément, M. F., l'Eucharistie et le ciel seraient déjà inestimables en ne durant qu'un jour ; mais l'immortalité de l'Eucharistie qui se perpétue dans le sacrifice et l'éternité du ciel qui enivrera les élus de délices intarissables ajoutent la perfection à ces deux grands bienfaits de Dieu. De même la durée de l'Institut des Frères assigne une place à part au B. de la Salle parmi les bienfaiteurs de la France. Qu'est-ce qu'une victoire remportée par un brillant coup d'épée ou un chef-d'œuvre inventé dans un éclair de génie, en comparaison de cette création de la charité qui, depuis deux siècles, ouvre l'intelligence et le cœur des enfants à la science et à la vertu, qui verse goutte à goutte dans l'âme de la France cette foi chrétienne, sans laquelle il n'y a pas de grandes nations, et qui enseigne au peuple l'art d'allier le patriotisme à la religion? Monarchies et démocraties revendiquent tour à tour le mérite d'avoir seules pris à cœur les intérêts et l'instruction du peuple. Ni les unes ni les autres n'ont droit à un tel honneur. L'enseignement du pauvre a été créé le jour où le Fils de Dieu a dit à douze enfants du peuple : « Allez, enseignez toutes les nations ».

Depuis ce jour mémorable, l'Eglise a dirigé l'essor des intelligences vers la vérité en portant devant elle le double flambeau de la science et de la foi ; elle a élevé des écoles à l'ombre des abbayes et des cathédrales, où elle a instruit les fils de l'ouvrier, et au XVIIme siècle, sans puiser à pleines mains dans le trésor public pour recruter des instituteurs, le B. de la Salle en a trouvé, il en trouve encore en offrant à ses Frères la Croix de Jésus-Christ et en leur promettant les opprobres de ce monde.

Oui, M. F., il y a deux siècles passés que le Bienheureux de la Salle a fondé sur l'amour de Dieu et du peuple l'Institut des Frères, et les Frères n'ont pas cessé d'unir ces deux amours, au plus grand profit de l'Eglise et de la France. Il y a deux siècles que le Bienheureux, au mépris des pierres et de la boue qui pleuvaient sur lui, a revêtu l'humble costume des Frères et leur a donné dans leurs Règles le plus pur esprit de l'Evangile. Depuis ces deux siècles, les gouvernements ont changé, les révolutions ont modifié les lois, l'esprit et les mœurs du pays. Mais les Règles du Bienheureux sont intactes, son esprit est plus que jamais vivant dans l'Institut qui a traversé toutes les crises sociales sans en éprouver lui-même, et le costume des Frères, jadis si raillé, a fait aujourd'hui le tour du monde, escorté de l'admiration et de la reconnaissance universelles. Les Frères l'ont porté dans la poussière des classes, dans les compagnies savantes, jusque sous la fumée des combats ; et quand une institution, qui est le Sénat littéraire de notre pays, voulut décerner, au lendemain de nos désastres, la palme du patriotisme, elle l'a donnée aux Frères des Ecoles chrétiennes. Il y a deux siècles, ils n'étaient qu'une poignée. Aujourd'hui, ils sont 12,000, disséminés sur le globe, admirés de toutes les races qu'ils sont allés instruire, complétant avec nos missionnaires et nos religieuses la plus éloquente démonstration du dévouement français et soutenant par la charité le prestige de la France abaissé par nos revers. — Il y a deux siècles, les écoles du Bienheureux de la Salle, désirées par les uns, combattues par les autres, étaient souvent fermées par arrêt des Parlements. Dieu avait ses vues, M. F., en permettant de tels excès dans un Etat chrétien. Il préparait l'Institut aux persécutions de l'avenir. Les mêmes épreuves ont reparu : Dieu soit béni ! Quand une école se ferme, la liberté et la charité s'unissent pour en ouvrir une autre. Mais qu'aurions-nous pu faire, même avec la liberté de l'enseignement, pour soutenir la concurrence de l'école neutre et apprendre aux enfants du peuple le vieux *Credo* de notre foi, si le Bienheureux de la Salle avait emporté son œuvre avec lui dans la tombe ? C'est en agitant de telles pensées, Mes Frères, qu'on estime davantage les services rendus par le Bienheureux à notre pays ; et dans la joie de voir qu'ils n'ont pas été limités à la génération qui les a vus naître, ah ! ne craignons pas de lui dire hautement : O Bienheureux Père, vous êtes l'un des plus grands bienfaiteurs de la France !

Soyez béni d'avoir tant souffert pour établir les écoles de la foi et du patriotisme chrétien. Le monde entier vous en témoigne une reconnaissance éclatante. Je ne sais pas si jamais acclamations et louanges ont été plus universelles. Votre nom et vos œuvres sont exaltés dans toutes les langues des nations barbares et des nations civilisées, parce que votre postérité religieuse a été dispersée par Dieu sur la terre comme les étoiles au firmament : *Ut stellas exaltare semen ejus* ; et, d'un océan à l'autre, ils sont un héritage digne de vous : *Hæreditare illos a mari usque ad mare.* Mais dans ce concert universel, la France tient le premier rang. N'est-elle pas toujours la première à prodiguer et à glorifier le dévouement ? Priez pour elle, Bienheureux de la Salle. Elle était comme un cèdre qui dominait les nations de l'univers ; mais l'impiété, pareille à l'aigle gigantesque dont parle Ezéchiel, a déployé ses ailes immenses autour d'elle ; cet aigle a presque enlevé la moelle du cèdre : *Tulit medullam cedri.* Priez pour que le cèdre se relève et reprenne sa vigueur, et pour que Dieu lui rende, par l'eau du baptême et le sang de l'Eucharistie, cette sève catholique qui fait les peuples invincibles. Demandez que le malheur des temps n'altère ni la foi ni l'innocence des enfants, et qu'ils grandissent tous, selon la balle expression de saint Paul, pour l'accroissement terrestre de Dieu : *In augmentum Dei.* Demandez que l'esprit chrétien se développe dans les familles de France, que le sanctuaire, le foyer et la classe soient autant d'asiles sacrés où Dieu soit également honoré, servi, aimé. Obtenez à vos Frères un amour du sacrifice et un dévouement qui ne défaillent jamais au milieu des ingratitudes et des persécutions de la terre, et qu'ils soient toujours un corps d'élite dans cette grande armée du Seigneur qui livre les bons combats. Enfin obtenez-nous à tous d'être de vrais serviteurs de Dieu, de souffrir généreusement comme vous les épreuves de ce monde, et de passer enfin des bras de la Croix au sein de la gloire où vous êtes entré.

Ainsi soit-il.

Poitiers. — Typographie Oudin.

www.ingramcontent.com/pod-product-compliance
Ingram Content Group UK Ltd.
Pitfield, Milton Keynes, MK11 3LW, UK
UKHW022148170726
13837UKWH00004B/1861